Wolfgang Finck, Iris Vollstedt

Kleine Wahrnehmungs-spiele im inklusiven Unterricht

Lesen – Schreiben – Rechnen

PERSEN

Die Autoren

Wolfgang Finck ist pädagogischer Leiter vom Verein LRS-Training e. V. in Kiel und fördert Kinder mit Lese- und Rechtschreibschwäche.

Iris Vollstedt ist Motopädagogin, arbeitet als Lerntherapeutin in Kiel und führt seit mehreren Jahren in Kooperation mit Schulen das Projekt „Mit Bewegung lesen lernen" durch.

Gedruckt auf umweltbewusst gefertigtem, chlorfrei gebleichtem und alterungsbeständigem Papier.

1. Auflage 2017

Grafik: Julia Flasche
Satz: Satzpunkt Ursula Ewert GmbH, Bayreuth

ISBN: 978-3-403-23695-5

www.persen.de

Lernen und Wahrnehmen

Wahrnehmung
Wahrnehmen heißt Bewegen
Bewegen heißt Handeln
Handeln heißt Verantwortung übernehmen
Verantwortung übernehmen heißt Selbstkompetenz stärken
Selbstkompetenz stärken heißt erfolgreicher Lernen

1. Einleitung

Lernen und Wahrnehmung sind eng miteinander verknüpft. Unmengen von Informationen werden über unsere Sinneskanäle aufgenommen, selektiert, mit bisherigen Erfahrungen bewertet und mit einer Reaktion beantwortet. Gibt es bei der Aufnahme, Weiterleitung oder Verknüpfung der Reize Probleme, kann der gesamte Lernprozess ungünstig beeinflusst werden.

Bewegung und Wahrnehmung im Zusammenspiel schaffen die Voraussetzungen, sich und die Umwelt wirklichkeitsgetreu abzubilden.

Das Zusammenspiel der Sinne und die Verarbeitung der aufgenommenen Reize werden durch Bewegungsaktivitäten gefördert. Wahrnehmungsleistungen nehmen eine Schlüsselfunktion hinsichtlich der Aufnahme und Verarbeitung von Informationen aus der Umwelt ein. Insofern liefern vielseitige Bewegungs- und Wahrnehmungserfahrungen eine entscheidende Rolle bei der Lernentwicklung eines Kindes.

Schwierigkeiten beim Lernen sind nicht immer auf kognitive Unzulänglichkeiten oder motivationale Aspekte zurückzuführen. So kann beispielsweise

- ein Kind, das unendlich lange beim Abschreiben eines Textes benötigt, Schwierigkeiten in der Figur-Grund-Differenzierung (visuell) oder in der Haltungssicherheit von Kopf und Körper (vestibulär) haben.
- ein Fehler beim Verschriftlichen kurz gesprochener Laute, z. B. Börste statt Bürste, auf Beeinträchtigungen der Lautdiskrimination (auditiv) zurückgeführt werden.

Die Förderung von Kindern mit Wahrnehmungsbeeinträchtigungen ist somit ein wichtiger Bestandteil im Schulalltag geworden. ***Dafür*** reichen allein kognitiv gesteuerte Lernanreize nicht aus. Bewegungs- und Wahrnehmungsimpulse in Form von spielerischen Anforderungen tragen nachhaltig dazu bei, die individuelle Wahrnehmungskompetenz eines Kindes zu stärken.

Das motopädagogische Handeln schafft in diesem Zusammenhang einen geeigneten äußeren Rahmen des Lernens, in dem Bewegung, Spiel, Erlebnis und Wahrnehmung zusammengeführt werden. Zeit, Raum, Material, Ideen und Impulse der gesamten Klasse schaffen ein anderes – nicht allein kognitiv ausgerichtetes – Lernklima.

Es kommt darauf an, Wahrnehmungserfahrungen in den Lernprozess mit einzubeziehen und eine Vernetzung mit den schulischen Anforderungen, wie z. B. Schriftspracherwerb, mathematische Fähigkeit und Körperwahrnehmung, zu organisieren. Jedes Kind sollte in das Spiel- und Lerngeschehen miteinbezogen werden und sein eigenes Lerntempo bestimmen. Das Entwickeln und Einbringen eigener Ideen sowie selbstbestimmtes Handeln des einzelnen Kindes sind ebenfalls als Lernziel anzusehen.

2. Wahrnehmung

Wahrnehmung ist der Prozess der Reizaufnahme durch unsere Sinnesorgane, deren Weiterleitung an die entsprechenden Verarbeitungszentren im Gehirn sowie die Verarbeitung der Reize mit anschließender Reaktion. Im Verlauf dieses Prozesses kann es zu Beeinträchtigungen kommen, da viele einzelne Teilprozesse das Ergebnis beeinflussen können. In den nachfolgenden Übersichten sind einige Teilprozesse aufgeführt.

vestibuläre Wahrnehmung

Körperhaltungen sichern
Statisch/dynamisch Geschriebenes erkennen; eigenes Handeln sichern

Einlassen
auf Beschleunigung, Richtungs- und Drehänderung (Abschreibprozesse steuern)

Blickregulation
Zahlen erkennen; Objekte identifizieren

Haltungssicherung
Körperhaltung sichern (sicheres Sitzen am Tisch)

Orientierung
Haltung des Kopfes und Körpers im Raum sichern

Gleichgewichtsregulierung
Balancieren; Zahlen und Figuren sicher schreiben

Aufmerksamkeit
Erhält optimale Muskelspannung, um wach und aufmerksam zu sein

Augen-, Kopf- und Hals-Koordination
an der Tafel schreiben; ins Heft übertragen

Schwerkraftsicherung
Distanzen zu anderen Personen einhalten; soziale Beziehungen erhalten

Rechts-/Links-Sicherheit
Linien verfolgen

kinästhetische Wahrnehmung
Stabilisierung von Körperraumlagen/ -positionen (das Geschriebene wahrnehmen)
Differenzierung von Gelenkstellungen (Stifthaltung, -führung und -richtung)
Kraftdosierung Stiftführung; Schreibgeschwindigkeit; Treppensteigen
Eigenwahrnehmung Regulierung von Körperraumlage; Entwicklung eines Körperschemas
Muskelspannung Einhalten von Abständen; Unterscheiden von Gewichten; balancieren
Muskelspannungsregulation gleichbleibende Körperspannung beim Lesen und Schreiben
Ordnung herstellen aufwendiges Suchen und Bereitstellen von Materialien
Haltungsregulation stabile Körperhaltung beim Lesen, Rechnen und Schreiben
Körperraumlagen verändern Bewegungssteuerung beim Sitzen oder Schreiben
Muskelspannungen auf- und abbauen (Stift-/Linealhaltung und -führung)

auditive Wahrnehmung

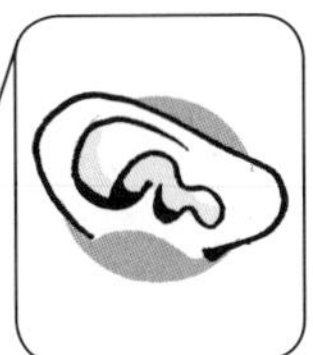

akustische Differenzierung
akustische Zeichen unterscheiden

Konstanzsicherheit
gleiche Buchstaben und Wörter wiedererkennen

Figur-Grund-Differenzierung
Laute heraushören

Geräusch-wahrnehmung und -unterscheidung
Aufmerksamkeit und Konzentration

Sprachlaut-kontrolle
Buchstaben/Wörter aussprechen

Sprachentwicklungs-verzögerung
Begriffsfindung schwierig; Verwechslung von Konsonanten

Rhythmus
übernehmen und aufbauen

Lokalisation
Buchstaben lokalisieren und in Sinnzusammenhang bringen

verbal-akustisches Gedächtnis
Merkfähigkeit, Wortbedeutung

zeitliche Verläufe
organisieren/strukturieren

zeitlich-räumliche Struktur
Reihenfolgen von Lauten und Buchstaben wahrnehmen und einhalten

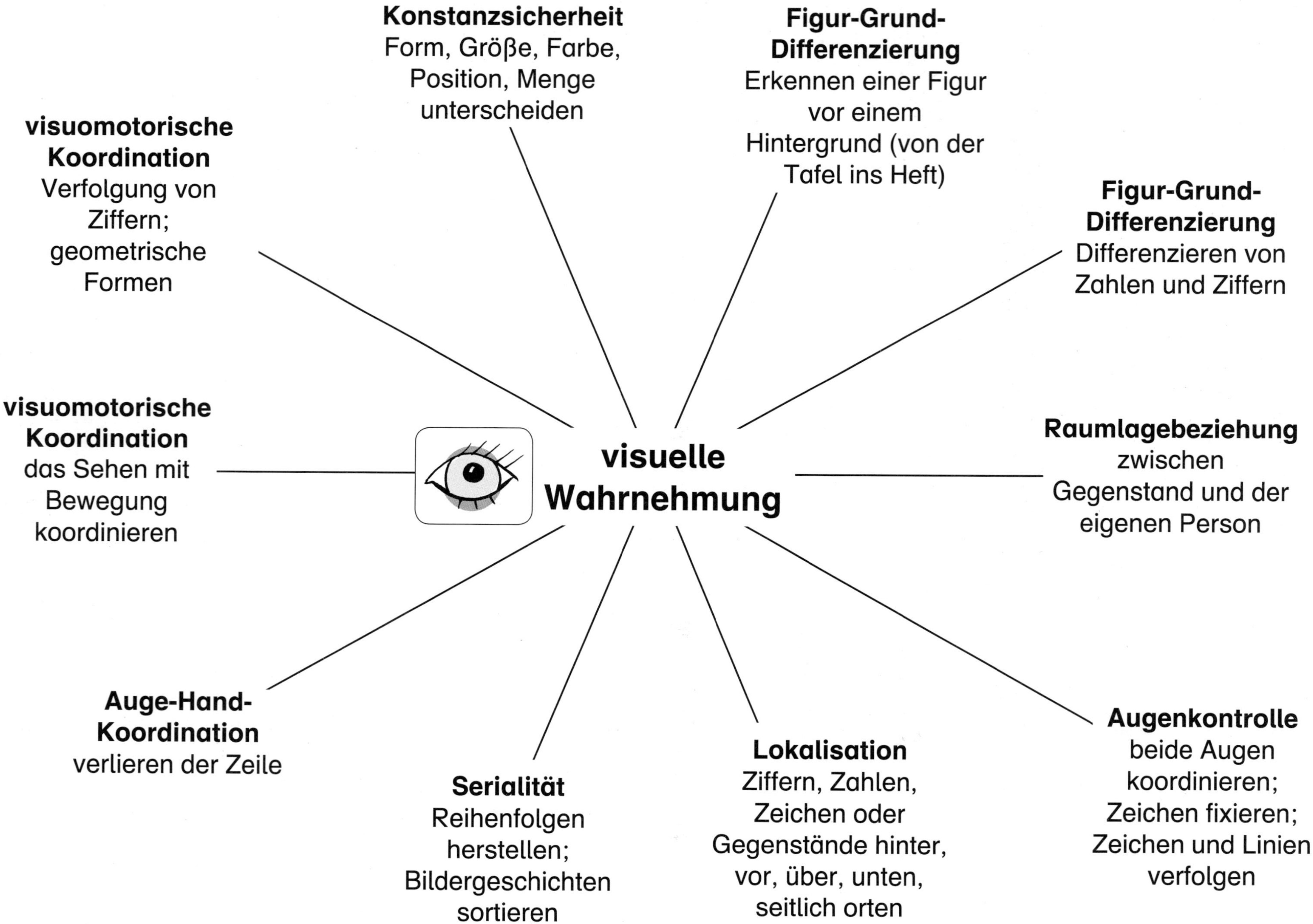
visuelle Wahrnehmung
Konstanzsicherheit
Form, Größe, Farbe, Position, Menge unterscheiden
Figur-Grund-Differenzierung
Erkennen einer Figur vor einem Hintergrund (von der Tafel ins Heft)
Figur-Grund-Differenzierung
Differenzieren von Zahlen und Ziffern
Raumlagebeziehung
zwischen Gegenstand und der eigenen Person
Augenkontrolle
beide Augen koordinieren; Zeichen fixieren; Zeichen und Linien verfolgen
Lokalisation
Ziffern, Zahlen, Zeichen oder Gegenstände hinter, vor, über, unten, seitlich orten
Serialität
Reihenfolgen herstellen; Bildergeschichten sortieren
Auge-Hand-Koordination
verlieren der Zeile
visuomotorische Koordination
das Sehen mit Bewegung koordinieren
visuomotorische Koordination
Verfolgung von Ziffern; geometrische Formen

3. Wahrnehmungsprobleme

Um den Zusammenhang von Wahrnehmungsschwierigkeiten und Lernanforderung deutlich zu machen, sind nachfolgend einige Beispiele aufgeführt.

Visuelle Wahrnehmung

- Abschreiben von der Tafel gelingt schwer oder beim Lesen wird die Zeile verloren (Figur-Grund-Wahrnehmung)
- Buchstaben oder Zahlen werden verdreht (Formkonstanz und Raumlagewahrnehmung)
- Gegenstände werden in ihrer Raumlage nicht richtig erkannt z.B. oben/unten, vorne/hinten, rechts/links
- visuelle Symbolfolgen können nicht behalten werden (visuelle Aufmerksamkeit)
- Schreiben in der Lineatur (Auge-Hand-Koordination)

Auditive Wahrnehmung

- Ähnlich klingende Laute werden beim Schreiben verwechselt (auditive Diskrimination)
- Geräuschquellen (z.B. Rufe) können nicht geortet werden (Lokalisation)
- nacheinander eintreffende Signale (z.B. Kopfrechnen) können nicht gespeichert werden (eingeschränkte auditive Aufmerksamkeit)
- rhythmisches Mitsprechen in Silben gelingt nur schwer (melodisch-rhythmische Differenzierung)
- Reime werden nicht erkannt (Formkonstanz)

Taktil-kinästhetische Wahrnehmung

- Stiftführung und Schreibtempo (Kraftdosierung)
- geometrische Formen, Buchstaben oder Zahlen werden nicht sicher erkannt (Formkonstanz)
- feinmotorische Bewegungen sind verkrampft und eckig (hypertone Muskelspannung)
- undeutliche Sprache und der Mund ist immer leicht geöffnet (hypotone Muskelspannung)
- stabile Körperhaltung beim Abschreiben (Haltungsregulation)

Vestibuläre Wahrnehmung

- Sitzen und Arbeiten am Tisch fällt schwer (Haltungssicherheit)
- Tuschbecher oder andere Gegenstände transportieren gelingt nicht (dynamische Haltungsregulation, Gleichgewicht)
- sich in der Schule oder im Klassenraum zurechtfinden (Orientierung im Raum)
- ermüdet schnell beim Lesen und klagt über Kopfschmerzen (Blickregulation)

4. Zum Einsatz der Bewegungsideen und Kopiervorlagen

Die Förderung von Kindern mit Wahrnehmungsbeeinträchtigungen ist ein wichtiger Bestandteil im Schulalltag geworden.
Deshalb sind die jeweiligen Wahrnehmungsbereiche sowie die Lernziele den nachfolgenden Spielideen zugeordnet.
Die Anforderungen im Schriftspracherwerb bzw. an die Rechenfertigkeiten werden von der jeweiligen Klassenstufe und natürlich von dem Leistungsvermögen des einzelnen Kindes bestimmt.
Eine Spielidee auf unterschiedlichen Anforderungsstufen zu nutzen, eignet sich besonders für die inklusive Schule. Auf diese Weise wird der Lehrer zum Lernbegleiter und kann jedes Kind unterstützen, individuelle Lernfortschritte zu erzielen.

Unsere Spiele sind als Anregungen zu verstehen und durch eigene Ideen zu ergänzen.

Folgende Tipps sind bei dem Einsatz der Ideen und der nachfolgenden Kopiervorlagen zu berücksichtigen:

- Alle Übungsideen für die Wahrnehmungsförderung sind aus der praktischen Arbeit des LRS-Training e. V. hervorgegangen.
- Jede Lerngruppe – ob im Hort, Schule oder Therapie – ist anders. Deshalb ist es wichtig, vor dem Einsatz das ausgewählte Spiel anzupassen. Dabei sollten die Rahmenbedingungen überprüft werden:
  - Größe der Gruppe,
  - zur Verfügung stehendes Material,
  - Räumlichkeiten,
  - Besonderheiten einzelner Kinder (z.B. Seh- oder Hörbeeinträchtigung),
  - zur Verfügung stehendes Zeitfenster,
  - Möglichkeiten der eigenverantwortlichen Arbeit einzelner Kinder sind zu berücksichtigen.
- Die Spielideen sind so zu gestalten, dass die Gruppengröße zwischen zwei bis sechs Kindern beträgt. Daher kann es erforderlich sein, die Klasse in Kleingruppen einzuteilen und das Material mehrfach anzufertigen.
- Verändern Sie das Kartenmaterial für die Schüler:
  - Vergrößern Sie die Schrift für Kinder mit einer Sehbehinderung.
  - Verstärken Sie das Kartenmaterial (dicke Pappe) für Kinder mit feinmotorischen Besonderheiten.
  - Bilden Sie Zweierteams, die sich gegenseitig unterstützen können.

Einführung

- Viele Spielideen können mit entsprechendem Wortmaterial aus dem Unterricht (Deutsch oder Sachunterricht) gestaltet werden. Damit der Arbeitsaufwand für die einzelne Lehrkraft überschaubar bleibt, lohnt es sich, für Bastel- und Ausschneideaufgaben die Eltern auf einem Elternabend mit einzubeziehen. Die Bereitschaft bei vielen Eltern, Unterrichtsmaterial für die eigenen Kinder anzufertigen, ist groß.
- Das in der Anlage zur Verfügung gestellte Material besteht aus:
  - ein- bis sechssilbigen Wortkarten in zwei Schwierigkeitsstufen
  - Wortkarten „Tiere“
  - Buchstaben- und Ziffernkarten
  - Zahlenkarten
  - Rechenaufgaben im Zahlenraum bis 20, bis 100 sowie bis 1000
  - Mengenkarten (1–10, leicht, schwer)
  - Satzkarten
  - Bewegungskarten
  - Bildkarten
  - Satz- und dazu passende Wortkarten
- Die Lehrkraft (Begleiter) benötigt viel Geduld und Kreativität. Jede Spielidee muss bei Bedarf **sofort** verändert und der Gruppensituation angepasst werden.
- Ideen und Vorschläge der Kinder sind eine Bereicherung für jede Bewegungsidee und sollten **unbedingt** in das Spiel eingebunden werden.
- Jede Bewegungsidee ist zusätzlich mit folgenden Symbolen gekennzeichnet, um einen schnellen Überblick über die Lernziele zu erhalten:

vestibuläre Wahrnehmung

taktil-kinästhetische Wahrnehmung

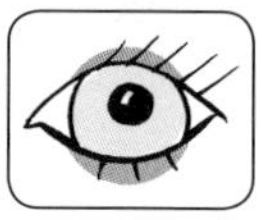
visuelle Wahrnehmung

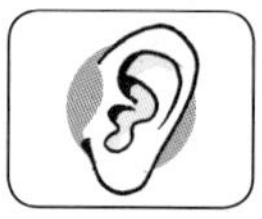
auditive Wahrnehmung

Knotenwörter und Knotenzahlen

Das wird gebraucht:
Wortkarten
Mengenkarten (einfach/schwer)
Dosen
verschiedene Wollfäden

Lernziele:
Lesen auf Wortebene
Silbendurchgliederung
simultane Mengenerfassung
Zahlenraum bis 10
taktile Wahrnehmung

Nutzen Sie unterschiedlich dicke Wollfäden, die darüber hinaus in ihrer Beschaffenheit verschieden (weich, rau …) sind. So erfährt die taktile Wahrnehmung vielfältige Reize.

Vorbereitung

Für das Wörterspiel werden sechs unterschiedlich lange Wollfäden mit Knoten versehen. Ein Wollfaden hat einen Knoten, der nächste Wollfaden zwei Knoten usw.
Für das Zahlenspiel werden zehn Wollfäden nach dem gleichen Prinzip mit Knoten versehen. Die Wollfäden werden in einer Dose aufbewahrt und sind Spielmaterial für eine Gruppe von drei Kindern.

Ablauf

Die Mengen- oder Wortkarten werden offen auf dem Tisch verteilt. Nun zieht jedes Kind einen Wollfaden aus der Dose und fährt diesen mit den Fingern nach. So werden nur durch das Ertasten die Knoten an dem jeweiligen Faden gezählt.

Wichtig

Die Augen werden dabei geschlossen. Kinder, die sich dabei nicht wohlfühlen, können auch an die Decke schauen.
Anschließend wählt jeder entweder eine Wortkarte mit der entsprechenden Silbenzahl, z. B. vier Knoten und das Wort Sa-la-mi-brot, oder eine Mengenkarte mit der entsprechenden Anzahl der darauf abgebildeten Bilder, z. B. 7 Knoten und die Mengenkarte mit 7 Enten.
Jedes Kind gibt seinen Wollfaden und die entsprechende Karte an seinen rechten Nachbarn weiter. Dieser kontrolliert, ob die Knotenzahl mit der entsprechenden Karte zusammenpasst. Eine neue Runde beginnt.

Zur Vereinfachung können zunächst nur Wörter mit ein bis drei Silben und die passenden Wollfäden oder Bildkarten 1–5 und die passenden Wollfäden verwendet werden.

Hof	Tor
Kran	Saft
Besen	Leiter
Perlen	Brause
Rakete	Bauchnabel

Kinofilm	Blumenkranz
Regenbogen	Lederhose
Einkaufsliste	Pinselstriche
Lesebuchseite	Rosinenkuchen
Paprikaschote	Marmeladenglas

Polizeisirene

Schokoladen-
kuchen

Brauseflaschen-
kiste

Gurkensalat-
schale

Rand

Welt

Kinn

Schiff

Gasherd

Laubwald

Brennglas	Stimmrecht
Patenkind	Gesundheit
Basketball	Klimmzüge
Kinderdreirad	Erlebnisbad
Autounfall	Abschlepp- wagen

Regenwald-pflanzen	Sandkasten-schaufel
Sperrgut-abholung	Metallarbeiter
Fußballwelt-meisterschaft	Rennsport-reporterin
Abend-veranstaltung	Schadstoff-sammelstelle
Zitroneneis-waffel	Pfefferminze

Ball im Eimer

Das wird gebraucht:
Eimer
6–10 Softbälle (Größe eines Tennisballs)
Wortkarten 1–6 Silben (S. 12–16)
Subtraktionsaufgaben
Bildkarten (schwer) (S. 19–21)

Lernziele:
Silbendurchgliederung
visuelle Wahrnehmung
kinästhetische Wahrnehmung
Zahlenraum bis 20

Wie weit der Eimer von der Startlinie entfernt ist, sollte davon abhängig gemacht werden, wie gut die Auge-Hand-Koordination funktioniert. Die Fähigkeit, den Kraftaufwand für den Wurf richtig zu dosieren, spielt eine große Rolle.

Bevor die Wort- oder Aufgabenkarten genutzt werden, probiert jedes Kind einmal aus, ob es ihm gelingt, die Bälle in den Eimer zu werfen. Dabei kann der Abstand des Eimers von der Startlinie korrigiert werden.

Wörterspiel

Reihum zieht jedes Kind eine Wortkarte und liest das Wort laut vor. Anschließend zählt der Vorleser laut die Silben seines Wortes, z. B. Re-gen-schirm. Das Wort hat drei Silben. Deshalb darf das Kind drei Bälle von der Startlinie in den Eimer werfen.

1. Rechenspiel

Reihum wird eine Aufgabenkarte aus dem Zahlenraum bis 20 gezogen. Anschließend wird diese Aufgabe ausgerechnet und entsprechend des Ergebnisses Bälle in den Eimer geworfen, z. B. 17 – 12 = 5. Fünf Bälle dürfen geworfen werden.

2. Rechenspiel

Eine Bildkarte wird gezogen und die Menge bestimmt. Anschließend dürfen so viele Bälle in den Eimer geworfen werden wie Gegenstände auf dem Bild abgebildet sind.

Achtung

Natürlich kann die Spielidee auch umgekehrt werden. Zunächst darf das Kind versuchen, alle sechs/zehn Bälle von der Startlinie in den Eimer zu werfen. Je nachdem, wie viele Bälle wirklich im Eimer gelandet sind, darf eine entsprechende Wortkarte, Aufgabenkarte oder Bildkarte gezogen werden.

Zur Vereinfachung kann das Werfen eines Balls in den Eimer ersetzt werden:

- Zwei Meter hinter der Startlinie wird ein Tor mit zwei Pylonen (Hütchen) markiert. Jetzt werden die Bälle von der Startlinie ins Tor gerollt.

$18 - 14 =$

$17 - 15 =$

$19 - 16 =$

$14 - 12 =$

$16 - 12 =$

$14 - 13 =$

$15 - 12 =$

$16 - 14 =$

14 – 13 =	17 – 16 =
16 – 14 =	18 – 13 =
17 – 12 =	15 – 13 =
19 – 14 =	17 – 13 =

Fotoroboter

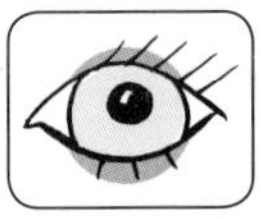

Das wird gebraucht:
Wort- bzw. Zahlenkarten
Buchstaben- und Ziffernkarten
Klebeband

Lernziele:
vestibuläre Wahrnehmung
kinästhetische Wahrnehmung
Merk- und Kombinationsfähigkeit

Vor Beginn des tatsächlichen Spiels sollte das Führen des „Roboters-Kindes“ gemeinsam geübt werden. Jeder Schüler trägt die volle Verantwortung für seinen Roboter, dass er nirgendwo gegenläuft oder sich verletzt!

Ablauf

Eine Auswahl der DIN-A6-Buchstaben- oder Ziffernkarten wird weit auseinander, in Blickhöhe der Kinder, aufgehängt. Für das in der Anlage aufgeführte Wortmaterial werden folgende Buchstaben benötigt: **a, e, i, u, l, t, s, f, r, n, R, S, F, B, L** (S. 58–66)
Die Kinder finden sich in Zweierteams zusammen und legen fest, wer als Erster als Roboter läuft. Der Roboter schließt seine Augen und hat folgende Funktionen:

- **Berühren am Rücken – vorwärtsgehen oder stehen bleiben**
- **Berühren rechte Schulter – rechts herum**
- **Berühren linke Schulter – links herum**
- **Berühren am Hinterkopf – Augen auf, lesen, Augen zu**

Das führende Kind zieht jetzt eine Karte, auf der entweder ein Wort mit drei, vier oder fünf Buchstaben oder eine Zahl aus dem Hunderter- oder Tausenderraum geschrieben ist.
Jetzt führt es seinen Roboter in der Reihenfolge der Buchstaben seines Wortes oder der Ziffern seiner Zahl zu den richtigen Karten des Alphabets/der Zahlen 0–9. Der Roboter „fotografiert“ jedes Zeichen.
Im Anschluss nennt der Roboter das entstandene Wort oder die Zahl. Die Positionen werden getauscht und der Roboter wird zum führenden Kind usw.

Auf dem Schulhof

Die Buchstaben-/Ziffernkarten liegen auf dem Schulhof. Beim Berühren am Hinterkopf werden nicht nur die Augen auf- und zugemacht, sondern der Blick richtet sich ebenfalls nach unten.

Achtung

Zwei Kinder sind zusätzliche Prüfer und erhalten anschließend von den Teams die Laufkarte. Der Roboter nennt dem Prüfer das fotografierte Wort/Zahl.

Es lohnt sich, auch eigene Zahlenkarten aus dem Zehntausender- oder Hunderttausenderraum herzustellen. Die Merkfähigkeit eines Kindes ist schon bemerkenswert.

462	357
725	843
916	234
689	257

2598	3765
4376	1243
7327	4615
6348	9712

rufen	raten
Falte	Reise
Leine	Liste
Faust	leise

faul

Luft

Beil

Seil

laut

Tier

fein

reif

nie

Fee

Rat

Bau

Sau

aus

ein

nur

Luftballonflüstern

Das wird gebraucht:
Drei-Wort-Satzkarten
Aufgabenkarten
ein Stift und Zettel pro Kind
ein Luftballon pro Kind

Lernziele:
Lesen auf Satzebene
Zahlenraum bis 100
auditive Wahrnehmung
Merkfähigkeit
Flüstersprache

Vielen Schülern bereitet es große Mühe, sich ausschließlich auf akustische Reize zu konzentrieren. Die besondere Herausforderung bei dieser Übung ist es, einen Satz oder eine Aufgabe zu hören und sich zu merken, ohne dabei die sprechende Person zu sehen. Bevor das Spiel beginnt, sollte zunächst das Flüstern ohne Luftballon geübt werden. Vielen Kindern fällt es schwer, die Lautstärke ihrer Stimme zu kontrollieren.

Ablauf

Jedes Kind pustet seinen Ballon auf mittlere Größe auf und knotet ihn zu. Vier Kinder sitzen nebeneinander in einer Reihe.

Das erste Kind zieht eine Satz- oder Aufgabenkarte. Nun legt es den Luftballon an das Ohr seines Sitznachbarn und flüstert den Satz bzw. die Aufgabe durch den Ballon. Dazu verdeckt es seitlich mit den Händen seinen Mund, damit die Mundbewegungen nicht sichtbar sind. Das zweite Kind sagt „ok“, wenn es alles verstanden hat oder bittet darum, dass noch einmal geflüstert wird.

Dann gibt es den Satz bzw. die Aufgabe an das dritte Kind weiter. Wenn der Satz bzw. die Aufgabe dem vierten Kind zugeflüstert wurde, sagt dieses den Satz bzw. die Aufgabe laut.

Alle Kinder schreiben den Satz anschließend auf und kontrollieren gemeinsam mit der Satzkarte. Die Rechenaufgabe wird natürlich zusätzlich ausgerechnet.

Für Kinder mit einer geringen Hör-Gedächtnis-Spanne ist es sinnvoll, die Aufgabe zu vereinfachen:

- Es wird nur einem Partner geflüstert, der dann das Gehörte aufschreibt. Anschließend wird gemeinsam kontrolliert.
- Es wird nur ein einzelnes Wort oder eine Zahl eines bestimmten Zahlenraums geflüstert.

Löwen sind Raubtiere.

Fledermäuse können fliegen

Gestern war Sonntag.

Delfine sind Säugetiere.

Katzen mögen Mäuse.

Großmutter ist krank.

Vater spielt Fußball.

Heute ist geschlossen.

20 + 60 =	40 + 30 =
15 + 50 =	30 + 25 =
40 + 12 =	70 + 26 =
36 + 20 =	48 + 30 =

Lilo mag Blumen.

Elif trinkt Wasser.

Wir singen Lieder.

Boris freut sich.

Lena lacht laut.

Sina spricht leise.

Mama ist heiser.

Tomaten sind rot.

40 – 20 =	80 – 30 =
45 – 10 =	70 – 25 =
36 – 20 =	74 – 40 =
35 – 12 =	66 – 24 =

Karten balancieren

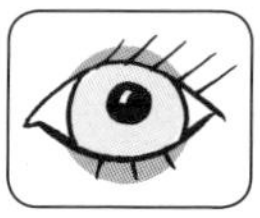

Das wird gebraucht:
1 Iso-Schlauch pro Kind
Satz- und passende Wortkarten
(lautgetreue Sätze/Sätze S-Laute)
Aufgaben- und Ergebniskarten
Schreibplatz mit Heft und Stift

Lernziele:
Silbendurchgliederung
visuelle Wahrnehmung
vestibuläre Wahrnehmung
Zahlenraum bis 1000
Merkfähigkeit

Einen Gegenstand über eine Distanz zu balancieren, ist nicht ganz einfach. Die Raumorientierung und das genaue Abschätzen der Distanzen zu Tischen, Stühlen und Schränken sind hier gefordert und genauso wichtig wie das Ausbalancieren des Iso-Schlauches.

Wörterspiel

Die Wortkarten eines Satzes werden an eine Stelle des Raumes gelegt. So werden alle Wortkarten (immer passend zu einem Satz) an verschiedenen Orten im Raum verteilt. Die Kinder bilden Zweierteams. Ein Kind zieht eine Satzkarte und das andere Kind hat den Iso-Schlauch. Die Satzkarte wird oben auf den Iso-Schlauch gelegt und so transportiert. Das zweite Kind sucht den Platz mit den Wörtern, die zu diesem Satz passen und führt das erste Kind zum richtigen Ort. Dort puzzelt das Team die Wortkarten richtig zum Satz zusammen und legt die Satzkarte dazu.

Anschließend geht jedes Kind zu seinem Schreibplatz und schreibt den Satz ins Heft.

Rechenspiel

Die Aufgabenkarten werden im Raum verteilt. Jedes Kind zieht eine Ergebniskarte und balanciert diese zur richtigen Aufgabe. Dort wird diese abgelegt und anschließend ins Heft geschrieben.

Achtung

Natürlich kann die Spielidee auch umgekehrt werden. Die Ergebniskarten werden verteilt und die Aufgabenkarten müssen zum richtigen Ergebnis balanciert werden.

120 + 660 =	780
115 + 115 =	230
450 + 220 =	670
130 + 150 =	280

20 + 60 =	80
15 + 50	65
40 + 13	53
34 + 20	54

460 – 110 =	350
385 – 125 =	260
412 – 102 =	310
985 – 180 =	805

50 – 20 =	30
35 – 10 =	25
38 – 20 =	18
37 – 11 =	26

Lukas kauft zwei Brote.

Jan besucht seine Tante.

Lisa bindet eine Schleife.

Olaf hilft seiner Schwester.

Tom trinkt kalte Milch.

Toni holt frischen Saft.

Ali hört laute Musik.

Opa streicht den Zaun.

Paul schneidet die Zweige.

Ben sucht seinen Kater.

Lena malt mit Kreide.

Jonas findet einen Euro.

Lukas	kauft	zwei	Brote	.
Lisa	bindet	eine	Schleife	.
Jan	besucht	seine	Tante	.
Olaf	hilft	seiner	Schwester	.

Lena	malt	mit	Kreide	.
Ben	sucht	seinen	Kater	.
Paul	schneidet	die	Zweige	.
Jonas	findet	einen	Euro	.

Ali	hört	laute	Musik	.
Toni	holt	frischen	Saft	.
Tom	trinkt	kalte	Milch	.
Opa	streicht	den	Zaun	.

Wütend zerreißt er das Blatt Papier.

Die ganze Familie verreist am Sonntag.

Zara hat die schwierige Aufgabe gelöst.

Diese schwere Tür schließt sich selbstständig.

Zur Begrüßung werden die Fahnen gehisst.

Der Händler preist seine Waren an.

Dieses neue Hemd passt ihm hervorragend.

Zum Sommer verlässt er seine Mannschaft.

Er presst seine Lippen fest zusammen.

Tina genießt heute ihr leckeres Eis.

Er	presst	seine	
Lippen	fest	zusammen	.
Tina	genießt	heute	
ihr	leckeres	Eis	.

Wütend	zerreißt	er	
das	Blatt	Papier	.
Die	ganze	Familie	
verreist	am	Sonntag	.

schließt	sich	selbstständig	.
Diese	schwere	Tür	
schwierige	Aufgabe	gelöst	.
Zara	hat	die	

Zur	Begrüßung	werden	
die	Fahnen	gehisst	.
Der	Händler	preist	
seine	Waren	an	.

Dieses	neue	Hemd	
passt	ihm	hervorragend	.
Zum	Sommer	verlässt	
er	die	Mannschaft	.

Bewegung erraten

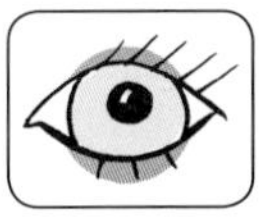

Das wird gebraucht:
Bewegungskarten

Lernziele:
Lesen auf Satzebene
auditive Wahrnehmung
visuelle Wahrnehmung
kinästhetische Wahrnehmung

Es gibt eine Reihe von Grundschulkindern, die ihren Körper, und insbesondere ihre Körperteile, nicht genau kennen und benennen können. Wörter wie Ellenbogen, Unterschenkel oder Stirn sind nicht bekannt und können am eigenen Körper nicht identifiziert werden. Deshalb ist es besonders wichtig, immer wieder kleine Aufgaben zu formulieren, um das Wissen rund um den eigenen Körper zu erweitern und zu festigen.

Ablauf

Alle Kinder stehen im Kreis. Ein Kind zieht eine Bewegungskarte und liest diese. Das lesende Kind darf leise nachfragen, wenn bestimmte Körperteile oder eine Bewegungsart nicht erkannt werden.

Nun führt das Kind die Bewegung, die es auf der Karte gelesen hat, aus. Wer eine Idee hat, was auf der Karte steht, darf diese mit eigenen Worten formulieren. Ist es richtig, wird die Karte zur Kontrolle die Karte nochmals vorgelesen.

Achtung

Es muss nicht der exakte Wortlaut der Karte geraten werden.

Wird diese Idee im Klassenraum durchgeführt, können die Kinder auch an ihrem Platz sitzen. Das Kind mit der Lesekarte darf dann vorne vor der Klasse die Bewegung ausführen.

Zur Anregung der Sprachkompetenz liest ein Kind eine Karte und erklärt anschließend mit eigenen Worten die Bewegungsaufgabe. Alle anderen Kinder führen diese Bewegung aus.

Zur Förderung der auditiven Wahrnehmung wird eine Karte vorgelesen und alle führen die Bewegung gemeinsam aus. Erst, wenn alle Kinder tatsächlich die gleiche Bewegung ausführen, wird die nächste Karte vorgelesen.

Streiche dir mit der rechten Hand die linke Wange.

Gehe zweimal in die Hocke, hebe dann das rechte Bein.

Tippe dir mit dem rechten Zeigefinger an die Nase.

Hebe deinen linken Fuß und drehe ihn im Kreis.

Lege deine rechte Hand auf die Stirn und hebe deinen linken Fuß.

Drehe dich einmal im Kreis und gehe dann in die Hocke.

Fasse dir mit der Hand auf die linke Schulter.

Hebe deinen rechten Fuß und klatsche zweimal in die Hände.

Schlage dir mit der rechten Hand dreimal auf das linke Knie.

Drehe deinen Kopf zur linken Seite und zähle laut bis drei.

Halte deine Arme zur Seite und drehe sie im Kreis.

Fasse mit der linken Hand an deine Nase und mit der rechten Hand an deine Stirn.

Drehe dich zweimal im Kreis und sage dabei: „Hallo, hallo, hallo“!

Lege deine rechte Hand auf die Stirn und hebe deinen linken Fuß.

Fasse dir mit beiden Händen auf die Schulter und hebe das Bein.

Drehe dich zweimal im Kreis und gehe einen Schritt nach vorn.

Tippe dir mit einem Finger an dein Ohr und sage deinen Namen.

Hebe dein rechtes Bein und halte beide Hände in die Höhe.

Hebe das linke Bein.

Hebe das rechte Bein.

Kreise den rechten Arm.

Kreise den linken Arm.

Schaue nach links.

Schaue nach rechts.

Gehe in die Hocke.

Drehe dich im Kreis.

Tippe mit dem Finger an die Nase.

Hüpfe mit geschlossenen Füßen einmal hoch.

Fasse mit einer Hand an einen Ellenbogen.

Tippe mit dem Zeigfinger an das Ohr.

Fasse mit den Händen an deine Schienbeine.

Berühre mit den Zeigefingern deine Knie.

Fasse dir mit beiden Händen auf die Schulter.

Streiche über deine Wange.

Hüpfe einen Hampelmann.

Streiche über deinen Bauch.

Gehe einen Schritt zur Seite.

Lege die linke Hand an dein rechtes Ohr.

Hebe das linke Bein und klatsche zweimal.

Fasse mit beiden Händen an dein linkes Ohr.

Buchstaben- und Zahlenlauf

Das wird gebraucht:
Buchstaben- oder Ziffernkarten
Wort- oder Zahlenkarten
Klebeband

Lernziele:
Lesen auf Wortebene
Raumorientierung
Körperschema
visuelle Wahrnehmung

Alle Mitspieler sind gleichermaßen gefordert. Das „laufende" Kind wird besonders in der Raumorientierung gefordert. Die visuelle Aufmerksamkeit der außenstehenden Kinder ist gefragt, um die Buchstaben zu erkennen und in der richtigen Reihenfolge zu speichern.

Buchstabenlauf

Die Buchstabenkarten werden auf dem Boden verteilt. Zwischen den einzelnen Buchstaben sollte etwa 5–7 cm Platz sein. Alle Kinder stellen sich im Kreis um die Buchstabenkarten auf. Ein Kind zieht beim Spielleiter eine Wortkarte.

Achtung

Kein anderer darf diese Wortkarte lesen. Für die Wörter in der Anlage nur die kleinen Buchstaben auslegen.

Nun läuft das Kind nach und nach die Buchstaben seines Wortes ab. Alle anderen Mitspieler versuchen zu erraten, welches Wort auf der Wortkarte steht. Wer das richtige Wort genannt hat, erhält die Wortkarte und einen Punkt. Reihum darf jeder ein Wort „erlaufen".

Dieses Spiel eignet sich besonders, um ein bestimmtes Rechtschreibphänomen (z. B. „Dehnungs-h") bewusst zu machen.

Zahlenlauf

Die Ziffernkarten 0–9 werden auf dem Boden verteilt. Zwischen den einzelnen Ziffern sollte mindestens ein fußbreit Platz sein. Alle Kinder stellen sich im Kreis um die Ziffern. Ein Kind zieht beim Spielleiter eine Zahlenkarte, z. B. 4387. Auch hier darf nur das Kind, das die Karte gezogen hat, die Zahl lesen. Nun läuft das Kind nach und nach die Ziffern seiner Zahl ab.

Achtung

Die Zahl wird in der Reihenfolge gelaufen, wie diese auch aufgeschrieben wird. Das Prinzip Tausender, Hunderter, Zehner und Einer wird hier mithilfe einer Bewegung verdeutlicht.

Alle anderen Mitspieler versuchen nun zu erraten, welche Zahl auf der Karte steht. Wer die richtige Zahl nennt, erhält die Zahlenkarte und einen Punkt. Reihum darf jeder eine Zahl „erlaufen".

Diese Idee eignet sich besonders, um einen bestimmten Zahlenraum (z. B. der Zahlenraum bis 10 000) zu festigen.

0	1
2	3
4	5

6

7

8

9

A

a

B

b

C

c

D

d

E

e

F

f

G

g

H

h

I

i

J

j

K

k

L

l

M

m

N

n

O

o

P

p

Q

q

R

r

S

s

T

t

U

u

V

v

W

w

X

y

Z

z

strahlt

fahren

wehren

kehren

stehlen

bezahlt

bohren

gedreht

lahm

gefehlt

hohl

zahm

bewohnt

angenehm

belohnen

ehrlich

verkehrt	dehnen
droht	froh
nehmen	kahl
mahnen	ohne

157	464
275	370
703	914
678	246

3572	4276
2472	1343
7469	8131
3683	2728

13689	23658
24627	37896
46298	24624
55252	47927

Sandbuchstaben und -zahlen

Das wird gebraucht:
40 DIN-A5-Pappkarten
Vogelsand
Klebestift
Tuch, ca. 50 × 50 cm
ABC- und Ziffernkarten (S. 57–66)

Lernziele:
Festigung der Buchstaben/Zahlen
taktile Wahrnehmung

Schreiben Sie die Buchstaben/Zahlen möglichst groß und breit auf die DIN-A5-Karten, damit die Besonderheiten des einzelnen Zeichens gut zu erspüren sind.

Vorbereitung

Auf jede Pappkarte wird ein Buchstabe Ihrer Wahl oder die Zahlen 0–9 mit dem Klebestift aufgemalt. Schütten Sie den Vogelsand auf ein Tablett. Nun drücken Sie die Pappkarte mit der Klebestiftseite in den Vogelsand, sodass dieser gut daran klebt.

Ablauf

Eine Karte wird unter das Tuch gelegt. Nun darf ein Kind mit den Händen unter das Tuch fassen und den Buchstaben/die Zahl ertasten. Anschließend wählt es diesen Buchstaben/diese Zahl aus den ABC-/Ziffernkarten aus. Gemeinsam wird verglichen, ob die Karte richtig ausgewählt wurde.

Achtung

Nutzen Sie diese Idee, um neu eingeführte Buchstaben oder Zahlen mit unterschiedlichen Sinneskanälen kennenzulernen und zu sichern. Optimal ist es, nicht mehr als drei Buchstaben/Zahlen zur Auswahl zu stellen.

Zur Vereinfachung können zunächst die Buchstaben/Zahlen sichtbar ertastet werden. So werden die Wahrnehmungsreize zweier Sinneskanäle parallel genutzt und die daraus gewonnenen Erkenntnisse zusammengeführt. Einige Kinder benötigen auf diese Weise viele Wiederholungen, bis sie in der Lage sind, den taktilen Sinneskanal isoliert zu nutzen.

Als Herausforderung können die Kinder auch zwei Buchstaben oder Zahlen von links nach rechts unter dem Tuch ertasten. Anschließend wird die entsprechende Silbe oder die entsprechende Zahlen aus dem Zahlenraum bis 100 genannt.

WhatsApp schreiben

Das wird gebraucht:
Wortkarten oder Zahlenkarten
(S. 26–30)
1 Stift und Zettel pro Gruppe

Lernziele:
Lesen auf Wortebene
kinästhetische Wahrnehmung
taktile Wahrnehmung
Zahlen im Zahlenraum bis 1000

Das Erspüren von Buchstaben und Zahlen ist für Kinder mit einer taktilen Unterempfindlichkeit nicht immer leicht. Eine zusätzliche kognitive Herausforderung besteht darin, sich die Reihenfolge der Zeichen zu merken und daraus ein Wort oder eine Zahl zu bilden. Bei den Zahlen muss der Stellenwert der Ziffern (Tausender, Hunderter, Zehner, Einer) verinnerlicht sein.

Ablauf

Vier Kinder sitzen hintereinander in einer Reihe. Das letzte Kind in der Reihe zieht eine Wort- bzw. Zahlenkarte, liest das Wort/die Zahl und schreibt sie auf den Rücken des Vordermanns:

- Jeder Buchstabe wird als Großbuchstabe in Druckschrift geschrieben.
- Nach jedem Buchstabe/jeder Ziffer gibt der Vordermann ein „ok“, wenn diese(r) erkannt wurde.
- Nach jedem geschriebenen Buchstabe/jeder geschriebenen Zahl wird der Rücken mit der Hand gewischt (wie Tafelwischen). So ist die Abgrenzung zwischen den Buchstaben/Zahlen deutlich.

Sind alle Buchstaben/Zahlen geschrieben und erkannt, gibt das Kind diese an seinen Vordermann weiter, bis das Wort/die Zahl beim ersten Kind angekommen ist. Das erste Kind schreibt das Wort/die Zahl auf den Zettel. Nun wird gemeinsam kontrolliert.

Achtung

Vor dem Start der nächsten Runde werden die Plätze getauscht. Das erste Kind nimmt den hinteren Platz ein und alle anderen Kinder rutschen einen Platz auf. So bekommt jeder die Möglichkeit, das erste Wort zu lesen, aber auch, das erspürte Wort aufzuschreiben.

Für Kinder mit einer taktilen Unterempfindlichkeit kann diese Idee wie folgt verändert werden:

- Es werden nur Zweierteams gebildet, sodass der Partner das Wort/die Zahl aufschreibt. Anschließend wird gemeinsam kontrolliert.
- Zwei Kinder sitzen sich gegenüber, ein Kind schließt die Augen und streckt eine Hand vor. Der Partner schreibt die Buchstaben/Zahlen auf den Handrücken.
  Durch den direkten Hautkontakt ist es wesentlich einfacher, die Zeichen zu spüren.

Höhen- und Breitenkontrolle

Das wird gebraucht:
3 Seile

Lernziele:
auditive Wahrnehmung
visuelle Wahrnehmung
kinästhetische Wahrnehmung

Die Höhe und Breite des eigenen Körpers richtig einzuschätzen, fällt nicht nur Kindern, sondern auch vielen Erwachsenen schwer. Ein gutes Körpergefühl ist wichtig, um sich sicher im Raum zu orientieren und zu bewegen.

Vorbereitung

Zwei Kinder halten ein Seil stramm auseinander und geben damit die Begrenzung nach oben an. Zwei weitere Kinder stehen sich gegenüber und geben damit die seitliche Begrenzung vor.

Ein weiteres Kind steht etwa 4 Meter von den „Begrenzungskindern" entfernt und kann jetzt durch sprachliche Kommandos, z. B. „Tina bitte ein kleines Stück näher zu Tom" oder „Das Seil bitte höher oder tiefer", die Breite und Höhe verändern.

Dieses Kind verändert die Positionen der Kindern und des Seils so lange, bis es sicher ist, dass es selbst zwischen den Kindern und unter dem Seil durchgehen kann, ohne anzustoßen.

Für einige Kinder ist es einfacher, zuerst nur die Höhe oder nur die Breite zu bestimmen.

Bei diesem Spiel wird nicht nur die eigene Körperwahrnehmung (z. B. wie groß bin ich) trainiert, sondern auch der Wortschatz und die Bedeutung von Adjektiven mit konkreten Handlungen gesichert (links, rechts, näher, weg, höher, tiefer usw.).

Wie war das noch?

Das wird gebraucht:
Wort- und Bildkarten „Reihenfolge“ (einfach, mittel, schwer)

Lernziele:
auditive Wahrnehmung
visuelle Wahrnehmung
Merkfähigkeit

Oft fällt es einigen Kindern schwer, sich zwei Arbeitsaufträge zu merken und diese darüber hinaus auch in der richtigen Reihenfolge auszuführen. Diese Fähigkeit zunächst in kleinen Schritten zu trainieren, bildet die Basis, sich auch an größere Anforderungen heranzuwagen.

Variante 1 (auditiv)

Drei bis fünf Kinder sitzen am Tisch. In der Tischmitte liegen die Bildkarten (z. B. der Kategorie „einfach“). Auf diesen Karten befinden sich nebeneinander drei Tierbilder (z. B. ).

Der Spielleiter zieht eine dazugehörige Wortfolgenkarte und liest die darauf stehenden Tiere von links nach rechts vor. Dabei steht er mit dem Rücken zur Gruppe, sodass seine Mundbewegungen nicht zu sehen sind.

Das Vorlesen der Wortfolgenkarte kann auch von einem Schüler übernommen werden.

Ein Kind beginnt und versucht nun, die richtige Karte mit den Tierbildern in dieser Reihenfolge zu finden.

Gemeinsam wird überprüft, ob die Wort- und Bildkarte zusammengehören. Eine neue Runde beginnt.

Variante 2 (visuell)

An einem Platz im Raum liegen alle Tierbildkarten der Kategorie „schwer“. Auf diesen Karten sind fünf Tiere nebeneinander zu sehen. An einem anderen Platz liegt ein verdeckter Stapel mit den passenden Wortkarten.

Ein Kind zieht eine Wortkarte, liest die fünf Tiernamen und merkt sie sich in der richtigen Reihenfolge. Nun geht es zum zweiten Platz und nimmt sich die passende Tierbildkarte. Auch hier wird gemeinsam überprüft.

Vereinfachen Sie den Spielablauf, indem nur in Zweierteams gespielt wird. Ein Kind „liest“ – je nach Lesevermögen – eine Bild- oder Wortfolge vor, das zweite Kind sucht die entsprechende Karte. Nun wird die Position getauscht.

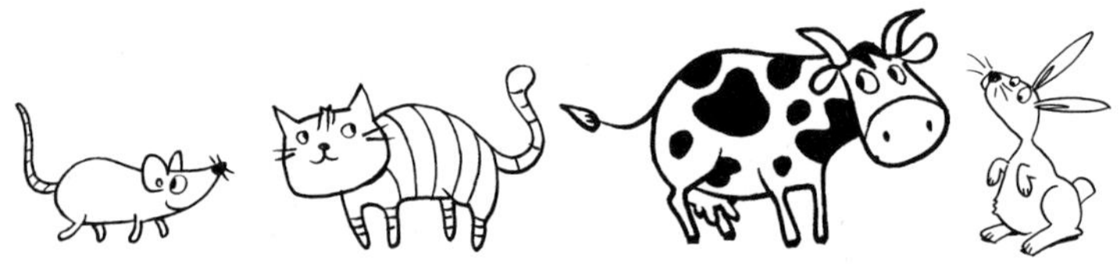

Hase Maus Hase	Katze Maus Hase
Kuh Maus Hase	Kuh Maus Katze
Katze Maus Katze	Katze Hase Maus
Hase Kuh Maus	Hase Hase Maus
Kuh Maus Kuh	Katze Kuh Maus

Hase Maus Katze Hase	Maus Hase Katze Hase
Hase Katze Hase Maus	Kuh Maus Katze Hase
Maus Katze Kuh Hase	Maus Katze Katze Hase
Hase Katze Kuh Maus	Kuh Hase Hase Maus
Kuh Maus Hase Katze	Katze Maus Maus Kuh

Kuh Hase Maus Hase Kuh	Katze Maus Maus Hase Hase
Maus Hase Maus Hase Maus	Kuh Maus Hase Maus Hase
Katze Maus Maus Katze Hase	Maus Maus Hase Katze Hase
Hase Maus Hase Kuh Maus	Kuh Maus Hase Hase Maus
Hase Maus Maus Hase Katze	Hase Katze Kuh Maus Kuh

Rhythmus klatschen

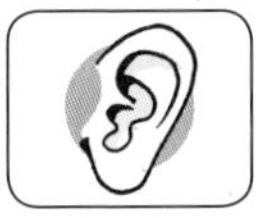

Das wird gebraucht:
Wortkarten „Tiere“ (einsilbig)
Klebeband

Lernziele:
auditive Wahrnehmung
visuelle Wahrnehmung
kinästhetische Wahrnehmung
Merkfähigkeit

Bei diesem Spiel ist Voraussetzung, dass der Klatschrhythmus mit den Händen von allen Kindern im gleichen Takt ausgeführt werden muss. Darüber hinaus muss der Sprachrhythmus ebenfalls im gleichen Takt ausgeführt werden.

Ablauf

Alle Kinder sitzen im Kreis. Nun wird der Klatschrhythmus in mehreren Schritten aufgebaut und eingeübt:

- Alle Kinder schlagen im selben Takt
  1. mit ihren Händen auf die Oberschenkel
  2. und klatschen dann in die Hände. Diese beiden Bewegungen werden so lange geübt, bis jeder den Rhythmus einhalten kann.
- Im nächsten Schritt wird nach dem Händeklatschen erst mit der rechten Hand auf der rechten Seite in die Luft geschnippt und anschließend mit der linken Hand auf der linken Seite in die Luft geschnippt. Wichtig ist, dass der Rhythmus immer bei allen gleich ist.

Wenn der Klatschrhythmus gut eingeübt ist, zieht jedes Kind einen Tiernamen, der mit Klebeband am Sweatshirt gut sichtbar für alle befestigt wird.

Während des Ausführens des Klatschrhythmus' nennt das erste Kind beim ersten Schnippen mit der rechten Hand **immer** seinen eigenen Tiernamen und beim zweiten Schnippen mit der linken Hand den Tiernamen eines anderen Kindes.

Dieses Kind ist nun an der Reihe und nennt beim Schnippen der rechten Hand seinen eigenen Namen und beim Schnippen der linken Hand einen anderen Namen.

Während der ganzen Zeit führen alle im gleichen Takt den Klatschrhythmus aus und das Sprechen der Namen fließt beim Schnippen immer wieder ins Spiel ein.

Achtung

Falls linkshändige Kinder zuerst mit der linken Hand schnippen, ist dies auch ok. Wichtig ist nur, dass immer beim ersten Schnippen der eigene Tiername und beim zweiten Schnippen der Tiername eines anderen gesprochen wird.

1. Zum Einüben des Klatsch- und Sprachrhythmus' können zunächst die tatsächlichen Namen der Kinder genutzt werden.
2. Anstatt Tiernamen erhält jeder eine bestimmte Zahl, die am Shirt befestigt wird.

Kuh

Lamm

Wal

Wurm

Frosch

Pferd

Sau

Hahn

Hund

Wolf

Rind

Kalb

Schwein

Reh

Hirsch

Maus

Krebs

Stier

Star

Bär

Hai

Fisch

Hecht

Gans

Wörter flüstern

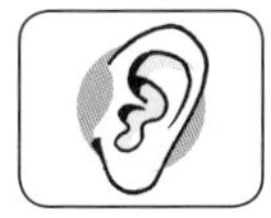 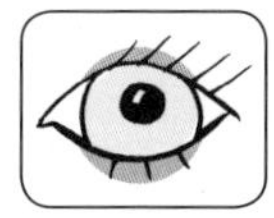

Das wird gebraucht:
Bildkarten

Lernziele:
auditive Wahrnehmung
Merkfähigkeit

Das genaue Hinhören und sich auf nur einen akustischen Reiz zu fokussieren, ist ein wichtiger Teilbereich der auditiven Wahrnehmung. Einigen Kindern gelingt es nur schwer, z. B. der Lehrkraft zuzuhören, wenn es im Klassenraum nicht still ist. Dabei kann schon ein Räuspern oder Naseputzen eines anderen Kindes die Aufmerksamkeit stören.

Ablauf

Sechs Kinder sitzen am Tisch. In der Tischmitte liegen zehn Bildkarten. Die restlichen Karten liegen als verdeckter Stapel in der Mitte. Jedes Bild wird noch einmal reihum von den Kindern als Begriff benannt.

Reihum darf jetzt ein Mitspieler sich in Gedanken ein Bild aussuchen und flüstert diesen Begriff, z. B. .

Der erste Spieler, der diese Karte greift, erhält die Karte und einen Punkt. Dieses Kind darf vom Kartenstapel eine Karte nachlegen. Dabei wird das Wort noch einmal laut benannt.

Achtung

Beim Flüstern des Wortes schaut das Kind nach oben. Das ist wichtig, da viele Kinder sonst ihren Blick auf die entsprechende Bildkarte richten und die anderen Kinder schon vorher wissen, welche Karte an der Reihe ist.

In manchen Spielgruppen ist es ratsam, dass reihum ein Kind flüstert und das nächste Kind versucht, die richtige Karte zu greifen. So ist gewährleistet, dass jedes Kind einen Erfolg erlebt und nicht alle Karten bei dem gleichen (dem schnellsten) Kind ankommen.)

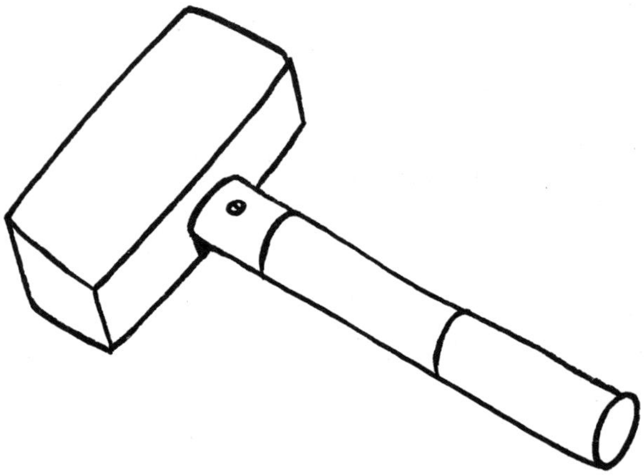

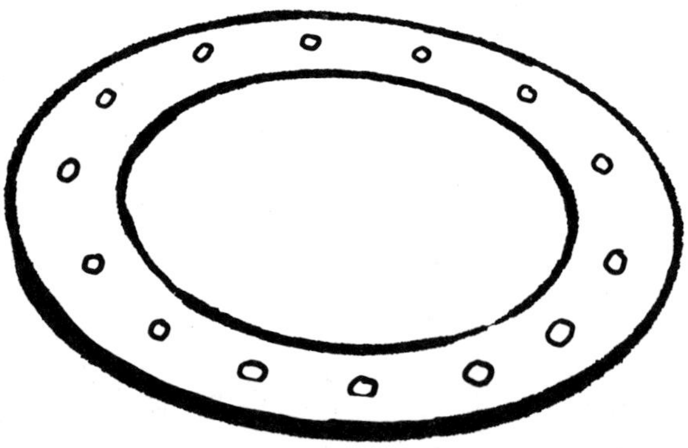

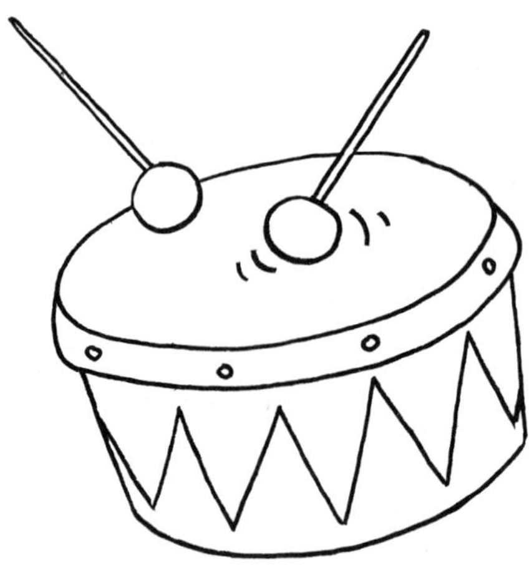

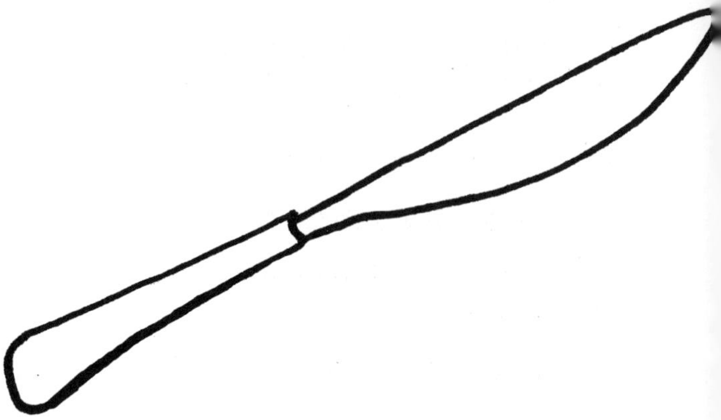

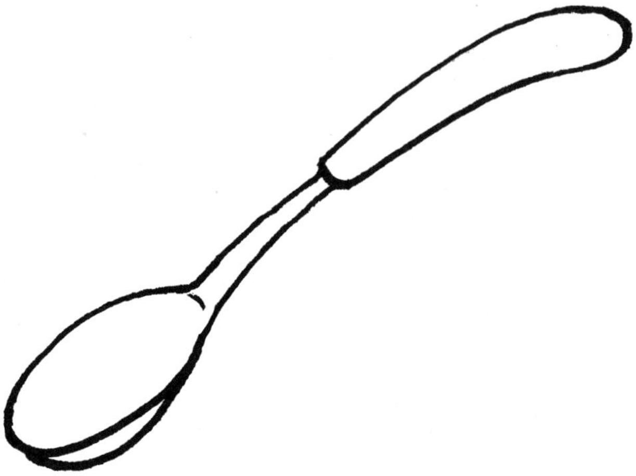

Was ist das?

Das wird gebraucht:
DIN-A4-Briefumschlag
Formen
Buchstaben/Zahlen (S. 57–66)

Lernziele:
visuelle Wahrnehmung
Wortschatztraining
kinästhetische Wahrnehmung

Jedes Kind hat die Möglichkeit, einen Briefumschlag mit selbst gebastelten Formen, Zahlen oder Buchstaben zu befüllen. Die Herausforderung liegt zum einen darin, möglichst schnell z.B. eine Form zu erraten. Zum anderen ist das langsame Herausziehen z.B. eines Buchstabens aus dem Umschlag eine Anforderung an die Feinmotorik.

Vorbereitung

Fertigen Sie aus den Buchstaben- und Ziffernkarten sowie den Formen Schablonen an. Diese Schablonen können von den Kindern genutzt werden, um Gegenstände für den Umschlag zu basteln.

Das Umfahren der Schablonen sowie das genaue Ausschneiden ist ein kinästhetisches Wahrnehmungstraining (Feinmotorik).

Es ist sinnvoll, Zweierteams zu bilden, die sich dabei untereinander helfen können.

Ablauf

Jedes Kind erhält einen Umschlag, der mit dem Vornamen versehen wird.

Nun fertigt jeder mithilfe der bereitliegenden Schablonen, entsprechend seiner Fähigkeiten, Formen, Buchstaben oder Zahlen aus Fotokarton an und steckt diese in den Umschlag.

Ein Kind stellt sich nun vor die Gruppe und hält den Umschlag so vor seinen Oberkörper, dass es mit seiner Hand langsam einen Gegenstand aus dem Umschlag ziehen kann.

Achtung

Dabei ist zu beachten, dass dieser Gegenstand ganz langsam Stück für Stück aus dem Umschlag herausgezogen wird. Die Gruppe darf nun jederzeit raten, was in dem Umschlag stecken könnte.

Wer den Gegenstand zuerst richtig rät, erhält einen Punkt.

Üben Sie das Herausziehen und Raten der Gegenstände zunächst in Zweierteams.

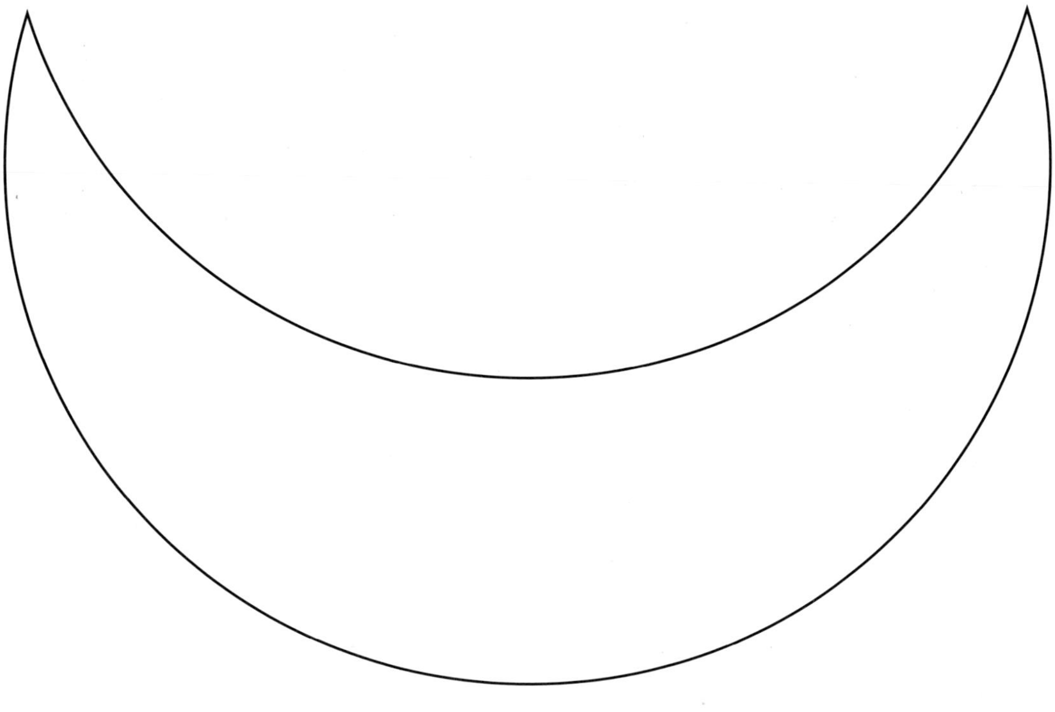

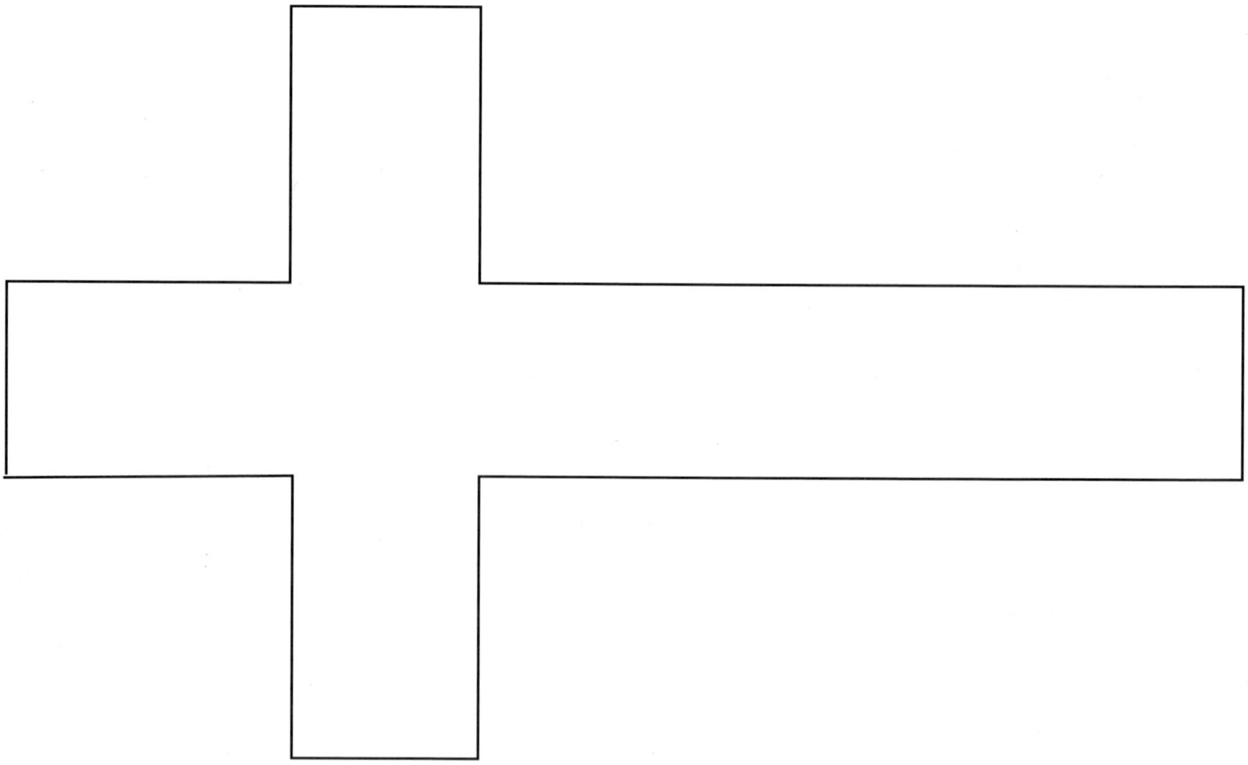

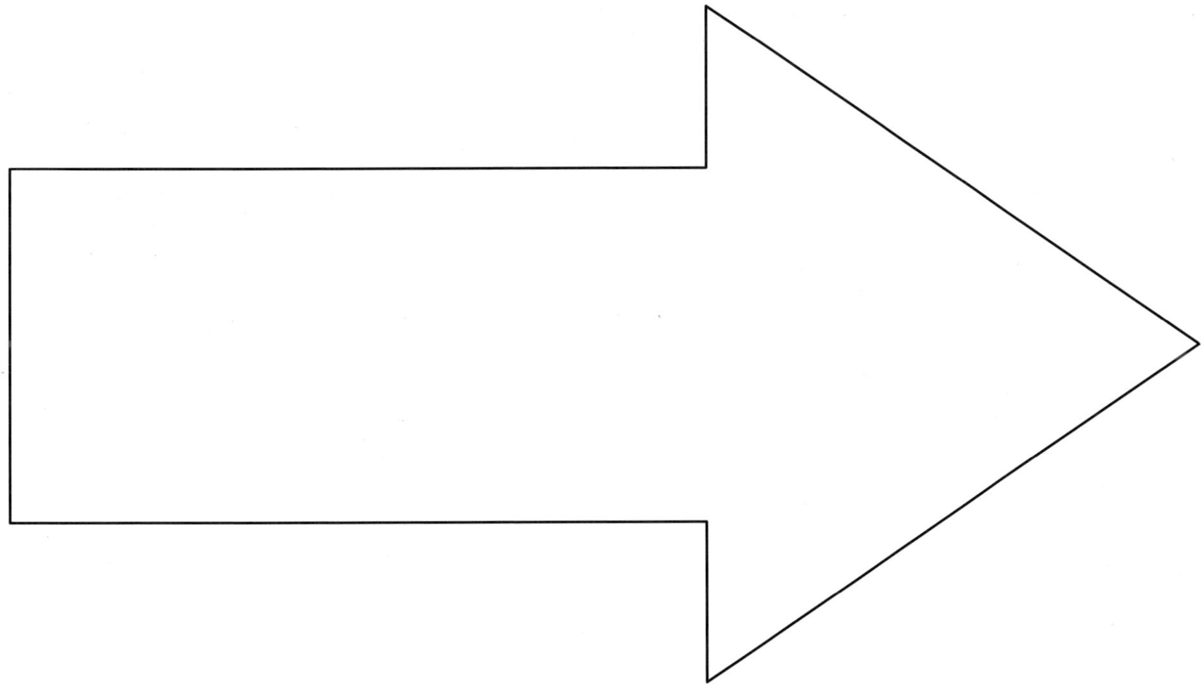

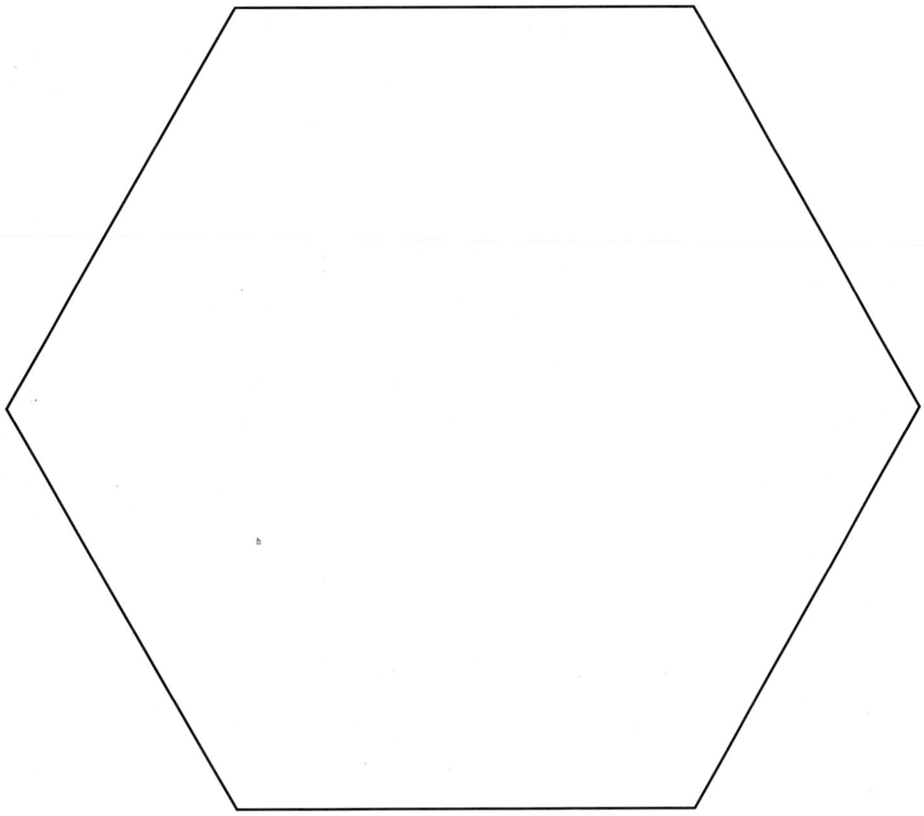